Peter Schwanz
Grenzverwischungen

D1731913

edition exemplum

Peter Schwanz

Grenzverwischungen
oder
Ein Ziel zu finden längst nicht mehr gewärtig?

Gedichte

ATHENA

Bibliografische Information der Deutschen Nationalbibliothek

Die Deutsche Nationalbibliothek verzeichnet
diese Publikation in der Deutschen Nationalbibliografie;
detaillierte bibliografische Daten sind im Internet über
<http://dnb.d-nb.de> abrufbar.

1. Auflage 2016
Copyright © 2016 by ATHENA-Verlag,
Mellinghofer Straße 126, 46047 Oberhausen
www.athena-verlag.de
Alle Rechte vorbehalten
Druck und Bindung: Ruhrstadt Medien AG, Castrop-Rauxel
Gedruckt auf alterungsbeständigem Papier (säurefrei)
Printed in Germany
ISBN 978-3-89896-627-6

Inhalt

VI Sonette – ohne Adressaten?

VII Ungereimtes, mitunter gereimt

Wieder,

nicht nur mit dem Nachlaß zu belasten,

für Sophie

Ich leb und waiß nit wie lang
Ich stirb und waiß nit wann
Ich far und waiß nit wahin
Mich wundert das ich so froelich bin.

Priamel, zugeschrieben
Martinus von Biberach

I

Gereimtes, mitunter ungereimt

‹LETZTER NACHKLANG DER FORM DES SONETTS?›

Eisenach, herbstlich verhangen,
Regen auf Rasen und Laub,
das sanft in Farben verschwimmt
in der Grundierung – sie stimmt
noch überein im Gedächtnis
mit dieses Sommers Vermächtnis:
Wogen aus Hitze und Staub;
Töne versengender Glut,
… die wir nicht länger verlangen
für unsern Blick:
                            der schon ruht
… in jener kommenden Leere,
die sich durch Feuer und Schwere
langsam die Bahn brach;
                                    und jetzt
an unser Herz rührt, ganz leise,
auf altbekanntem Geleise,
– das wir zu lange vergaßen,
… als wir uns scheinbar besaßen:
harmlos nie und kaum vermessen;
noch in der Spur,
                            – droht zuletzt
auch nichts als Nacht und Vergessen.

24. September 1996

VERGEUDETER LEIDENSCHAFT SPUR
läßt Herzen sich balln und verstecken:
gewärtig der Tücke des Lebens,
die plötzlich – ein Lächeln zerbricht,
das aufblüht, … als wüßt' es von nichts;
… und sei alles andre vergebens:
gemalt bloß für uns all die Schrecken
in schließlich doch milderem Licht
– Garant jenes andern Gerichts,
das auslöscht, als berge es nur.

13. Januar 1998

DRAUSSEN tobt schon der April,
vorzeitig, irgendwoher;
aber es war im November,
daß ich dich ansah: dein Haar,
das, längst von Wintern umworben,
glänzte im Anhauch der Zeit,
... während das Jahr, stumm ergrauend,
wispernd bloß noch unterm Dach,
zusah, wie sich letztes Laub
löste von gramvollen Ästen
– schwarz; und so starr wie der Raum,
den jetzt ein einziger Baum,
der sich behauptete, füllt
– Flamme am ew'gen Azur:
wie dein Gesicht, ... letzte Spur
dessen, was um uns gestorben
vor Horizonten, die, leer,
nur noch umreißen, was war,
– doch unsre Augen, vertrauend,
sehn als ein randloses Kleid,
wechselnd; jedoch stets gewillt,
sich zu befrein von dem Staub:
herrührend von all den Gästen
... und wirft die Frage sich auf,
ob es mich auch noch in Kauf
nähme, wenn sich nach und nach
zeigt, daß, was immer man will,
schon über Nacht zu bequem wär'.

8. März 1998

19

UMRISS DES SEINS

1
(Strophen)

In jener kommenden Leere,
die unser Herz schon umkreist,
sind wir längst abgetan – wieder
werden wir Floskeln verfallen,
Formeln und Chiffren; Klischees
lauern erneut, ziehn uns nieder,
– bis sich ein Abgrund umreißt,
… und seine Drohung gilt allen:
ob wir auch nichts als die Schwere
sind … ziellos wirbelnden Schnees.

28. September 1996

2
(Keine Gegenstrophen)

In jener kommenden Leere,
die uns schon hat,
– ausmacht: als wären wir nicht,
nie mehr als Schemen gewesen,
– fegt unerbittlich ein Besen,
was wir stets hilflos versuchten,
weil's an zu vielem gebricht,
eben und glatt;
        … wird zur Schere,
die noch verborgene Buchten
aus unsres Lebens Gestaden,
meist überfüllten, heraus-
schneidet;
        … ernüchterndem Warten
spät ein durchschatteter Garten,
blühend … um irgendein Haus,
– in das wir niemals geladen
sind noch je werden:
zu flücht'gen Daseins Gefährten.

10. Oktober 1998

‹ZUR LEGENDE VOM ZWEISAMEN LEBEN›

Vorübergehend tief verloren
in Frieden, stiller Hoffnung, … ward
zu kalter, leerer Wüste, was
ihn dennoch trägt und hält, … ist's in
sich selbst auch nichts, als das, – worin
befremdlich klar ein andrer Sinn
aufschoß
      und – bleibt: wie traumgeboren;
und so auch, randwärts, fast zu zart
für so viel Unwägbares, das
sie schweigend hinnimmt: all die Jahre,
bedeutungslosen Kieseln gleich
– versinkend in dem dunklen Teich
der Einsamkeit;
        nicht auch nur eine
einzige Welle hinterlassend
vor spröden Lippen, die erblassend
gewahren, daß ihr Dasein keine
Gewähr bot für das … Unsagbare.

14. Mai 1998

LETZTES, KUPFERFARBNES LICHT
dieses Tags – es ist geschwunden,
sank hinab ins Intervall
unsres Wartens: als des Schweigens
Ankunft in dem dunklen Ton,
– der bald voller Nacht steht; ... und,
fordernder in kühlrer Luft,
uns hereinnimmt in das Schon
... langsamen – Entgegensteigens
des Alleinseins; überall
heimisch, seit man unumwunden
eingesteht, daß nichts mehr ruft,
als ein ... Lächeln: schmal den Mund
noch umspielend im Verzicht.

10. Februar 1998

AUCH ICH WAR ZUR FREMDE GENESEN
in heimatvergessenem Sein,
durchquerte blau gleißende Tage,
vergaß selbst das Niemals-Verzeihn
in Worten gewährender Zeit;
und fand, was ich suchte, als ... Frage:
in Abendstern-Augen zu lesen,
die, – Halt suchend, einkehren, ... und
ein ratlos verschlossener Mund
gibt Kunde von plötzlicher Grenze:
erahnbar nur; kenntlich uns bloß
als Reißen im Herzen, das groß
– aufbräche zu blutvoller Gänze,
... gäb' jemand ihm, trotzdem, Geleit.

11. Dezember 1997

BLEICH HÄNGT DER HIMMEL IN DEN LEEREN GITTERN,
die plötzlich, lächelnd, aneinanderreiht,
was Zuversicht von unsern Herzen leiht,
obwohl sie davor bangen und erzittern,

weil sich darin nur neu zu ihnen neigt,
… woraus sie glitten, – um sich zu bewahren;
den Taumel des Vergessens zu erfahren
und des Versinkens, … dem entgegensteigt,

wozu wir wurden – schmales Gleichgewicht,
das – unvermittelt auseinanderbricht
vor einem Tor zu einer langen Front

verhangner Tage; von uns erst bewohnt,
wenn unsrer schweren Augen müdes Licht
sie flüchtig … im Vorüberziehn – besonnt.

März 1977

Niemand wußte, was die Zeichen bedeuteten, … was
sie wirklich gewesen waren. Ob sie ursachloser Geist
gewesen, der keinen Raum einnahm, bis ihm endlich
Substantive Form gaben … Niemand wußte, was die
Wörter gewesen waren … sie waren wie Fische geflo-
hen im milchigen Wasser und wie Vögel in der ne-
belverhangenen Luft. Und niemand wußte, … was
zu tun war, um zu wissen. Niemand wußte gut genug, was man wissen durfte, und niemand wußte gut
genug zu wissen. Wasser wußten besser, was sie be-
deckten, weiße Nebel wußten, was sie trieben, Eulen,
Dohlen, Spinnen, Ratten wußten … Niemands Sippe
aber wußte nichts vom Wissen aller Welt.

Wolfgang Hilbig

FRAG MICH NICHT …

1
(Entfaltete Thematik)

Frag mich nicht
nach uns dicht
stets verhangnem,
rasch vergangnem
Sinn des Heute,
das … verstrich;
nach der Beute
lediglich
dieses Tages:
schmalen Stunden
– reich befunden
nur vorm Gestern;
– doch im bald
wieder festern
Gang der Zeit

kaum ein vages
letztes Kleid
in Gestalt
leeren Raums
– leicht zu fluten
in Minuten,
ja Sekunden,
von dem Licht
eines … Traums.

8. Mai 1998

2
(Verknappung zur Kurzform)

Frag mich nicht
nach entgangnem,
wortverhangnem
Grund des Heute;
… seiner Beute
– blasse Meute
leerer Stunden:
gut befunden
für Sekunden
nur … des Traums
– leichten Schaums
Ungewicht.

27. Januar 2006

KLEINES ZIFFERBLATT;
… und es dreht sich weiter,
was mich einst so heiter
stimmte: daß ich, statt

klug zu sein und auf der Hut,
in verworrnem Drängen
… Träumen nachzuhängen
such – mit heißem Blut,

das nun – kältre Tage
fast … gerinnen
lassen: vor der Zeit;

mich noch nicht bereit
findend, – steht der Weg nach innen
auch schon außer Frage.

5. September 2011

LACH MITUNTER
über Trümmern,
die bekümmern,
… über leerer,
dennoch schwerer
Stunden Ziehn;
… und dem Fliehn
mancher Tage,
die als – Frage,
wortbehangen,
nach dir langen:
kunterbunter
Sehnsucht voll;
– überm Weinen
ob der einen!
deren Haar
dich noch streift
– weiß bereift
schon von Wintern:
zu verhindern,
daß zu Groll
wächst, was … war.

8. November 1998

Die *Dauer,* mit einem »Umsonst«, ohne Ziel und Zweck, ist der *lähmendste* Gedanke, namentlich noch, wenn man begreift, daß man gefoppt wird und doch ohne Macht ist, sich nicht foppen zu lassen. – Denken wir diesen Gedanken in seiner furchtbarsten Form: als Dasein, so wie es ist, ohne Sinn und Ziel, aber unvermeidlich wiederkehrend, ohne ein Finale ins Nichts: »*die ewige Wiederkehr*«. – Das ist die extremste Form des Nihilismus: Das Nichts (das »Sinnlose«) ewig! – Europäische Form des Buddhismus.

Friedrich Nietzsche

Nagarjuna will das Nichtdenkbare denken und das Nichtsagbare sagen ... Durch Denken ist die Fesselung an das Gedachte, an die dharmas [= irreduzible Gegebenheiten], erfolgt; das ist der Grund des Abfalls in unser leidvolles Dasein. Durch dasselbe Denken, aber in umgekehrter Richtung, wird das Gedachte wieder aufgelöst ... Wenn in allen Aussagen kein Halt ist, wenn alles in Anderssein, Gegensatz, Widerspruch sich auflöst, wenn alle Bestimmungen verschwinden, keine Position bleibt, dann bedeutet das ... entweder das Auftreten des Nichts oder das Fühlbarwerden des eigentlichen Seins, wenn dieses auch nicht mehr nur Sein genannt werden kann. Anders formuliert: Am Ende steht entweder ein spielerisches Interesse an »Problemen« oder eine Seelenverfassung, die in solchen Mitteln einen der Wege zum Selbstverständnis ... findet, eine Seelenverfassung vollkommener Weltüberlegenheit, vollkommener Distanz zu allen Dingen und zum eigenen Dasein ...

Karl Jaspers

NUR LEGENDE?

1

Für niemand kenntlich, weil von keinem je
betroffen, blieb er nichts als Schattenriß,
des Abgrunds Nichts entstiegen nur, – um wieder
zurückzukehren in des Chaos Schoß,
die undurchdringlich tiefe Finsternis:
bar jeden Anflugs auch nur der Idee,
ihr zu entkommen; war sein Kampf doch bloß
der Griff nach flücht'gem Halt, den, so erriet er,
ihm seiner Geisterhände Tasten, Fassen

vergebens sucht ... in vager Hoffnung auf
Gewißheit kaum, jedoch ein wenig Frieden
und einen Abgang schließlich seiner Wahl;
ganz ohne Absicht auf den Weg hinauf:
als in ein Land, das, solcherart Entschieden-
heit ... abhold, – keinen nochmals zu entlassen
gedenkt: als Spukbild – selbsterwählter Qual.

14. April 1998

2

Das Jetzt zerfließend und nicht mehr,
als, unermeßlich weit, ein Sumpf,
... gönnt es doch einmal den Triumph,
ihn zu durchquern: als dringe wer,

bar aller Hoffnung, ohne Licht
– nur Unentwegtheit eines Manns,
der kein Besiegtsein kennt, bis ans
Zerrinnen ihm – nie zu Gewicht

erglühter Weißglut seines Wahns:
des Trugbilds, – das ihn, unerlöst,
zurückläßt in der Wirrsal Tun;

drin seine Glieder endlich ruhn,
... doch etwas weiter drängt und -stößt
wie im Verfolgen ... eines Plans.

7. Mai 1998

Wie seltsam, den Faden, der sich von uns
wegspinnt, seine zarten Fasern über die
nebeligen Weiten der dazwischen liegenden
Welt verlängern zu fühlen.

Virginia Woolf

LOB SEI DEM ABGESANG
tage- und nächtelang,
selbst ... über Jahre hin,
– die zu bestehn du in
Augen fliehst: mondbewohnt
manchmal; und hell durchsonnt
unter den Bögen der
Brauen, – die, sich zu schwer,
Teil einer Melodie
werden, – vernimmst du sie,
... wenn auch nur, weil versinkt,
was in dir weiterklingt.

10. Dezember 1997

34

II

Sonette an …

Grau sind nun die Tage,
grau und kurz und leer,
… und längst gilt nicht mehr,
was ich dir noch sage

gestern oder morgen,
– treibt das Heute leck
weit und weiter weg:
aus dem Land der Sorgen

in das … Unbewohnte,
wo es langsam sinkt,
… tiefster – Nähe zu;

… und es kommt zur Ruh,
was um nichts mehr ringt,
weil es sich nicht lohnte.

22. Januar 1998

WAS WIR HABEN, nehmen, wollen,
wird identisch mit dem Lassen,
… ist auf dicht befahrnen Straßen
doch schon bald Tribut zu zollen

blankem Nichts in heißen Augen,
die, geliebt, – gehaßt, … vergessen,
Worten gleichen: die wir pressen,
… bis sie zum Erinnern taugen,

– das in unsre Tage drängt,
sich in jedes Leben zwängt,
alles füllt; und wird geliebt,

was sich wie für immer gibt,
– aufwallt: manchmal über Stunden,
meist nicht einmal für Sekunden.

14. März 1998

ALLES IN ALLEM

1

… sie wird längst überschritten haben, was Joseph Conrad die Schattenlinie nannte, oder wird im Begriff sein, es zu tun. Du weißt schon, das Alter, in dem das Leben sich unser annimmt, wenn man sich nicht vorher seiner angenommen hat. Die Linie, die das Geschlossene vom Offenen trennt, die beschriebene Seite von den unbeschriebenen: den Punkt, ab dem einem immer mehr die Möglichkeiten ausgehen, weil diejenigen, die man verwirft, zunehmend unwiederbringlich werden und mit jedem Tag, den man älter wird, verlorener sind.

Javier Marías

… so müssen wir im Leben, wenn wir Eines ergreifen und besitzen wollen, unzähliges Anderes, rechts und links, entsagend, liegen lassen. Können wir uns dazu nicht entschließen …, irrlichterliren [wir] hin und her, und gelangen zu nichts.

Arthur Schopenhauer

Was Marías offen ins Auge springen und doch kaum in Rechnung gestellt sieht, Schopenhauer im Rahmen offenbar unumstößlicher Gesetzmäßigkeit verhandelt, wird für Tillich zu metaphysisch zu fassender Problematik: Gerade auch aus der Tatsache, daß wir, vor zunächst einer fast unerschöpflich scheinenden Fülle von Wahlmöglichkeiten stehend, eine ergreifen, um nach solcher Entscheidung ein, durch eben die erfolgte Wahl, bereits entschieden schmaleres Feld weiterer Entscheidungsmöglichkeiten vorzufinden (usf.: bis wir uns, gerade in Ausübung unseres Wählen-Könnens wie freilich auch -Müssens, schließlich auch der letzten noch verbliebenen Möglichkeit selbst beraubt haben, berauben in unserem – freien – Wählen offenbar naturgemäß, und also notwendig, mußten), folgt:

Der Mensch hat seine Freiheit gebraucht, um sie zu vergeuden, und es ist sein Schicksal, sein Schicksal zu verlieren.

Paul Tillich

Und unser Leben geht hin,
weil wir stets andres erwählen,
das uns noch Weiteres erzählen
könnte: bis Wahl zu Gewinn

wird, … der Versäumtes bereuen
läßt: als Gelegenheit, die,

weghuschend, – einschränkt; und nie
Anlaß, uns nicht mehr zu scheuen,

uns, unentschieden, zu quälen,
– wo nichts als Einebnung gilt:
als sei nie etwas gewesen,

... wär' nicht aus Blicken zu schälen,
was uns das Herz endlich stillt,
lernt es – in ihnen ... zu lesen.

15. März 1998

2

Kalte Ebne der Unendlichkeit ...
und das Herz kaum mehr als hart ein Schlagen,
– doch zuweilen schon ein Tragen
jener Einfachheit,

... die dem übernächtigt starren Blick
eines schmalen Lächelns erste Spur
abgewinnt; ist sie auch nur
wie ein Schimmer: den des Lebens Schlick

länger festzuhalten erst vermag,
... wenn im seiner selbst nie sichern Tag
plötzlich, dennoch, uns Gewißheit heiß

in die *eine* Stunde ragt,
– von der später eine weitre weiß,
was man anders als mit Worten sagt.

29. April 1988

3

In Wahrheit sind alle unsere Empfindungen unausdrückbar.
Wir pressen ihnen einen Tropfen aus und meinen, dieser Trop-
fen seien sie gewesen. Aber sie sind die dahineilende Wolke!
Alle unsere Erlebnisse sind mehr, als wir von ihnen erleben.

Robert Musil

Die Gegenwart der Wahrheit in der Zeit ist zwar unfaßbar wie
der nicht festzuhaltende Blick des Auges, aber immer wieder da.

Karl Jaspers

Ihn zu durchschauen, diesen wirren Wust,
wär' schon der Anfang jenes andern Lebens,
das wir einst fanden, aber stets vergebens
zu bergen suchten in der heißen Brust,

... in der mitunter doch dies Fremde lebt;
uns – wegreißt aus den vielerlei Bezügen,
darin wir glühten ... und war'n nichts als Lügen
verfehlten Strebens: ob das Herz auch bebt,

das jetzt ... zur Ruhe kommt, allmählich kühl
der Welt Bedrängnis gegenübersteht;
nicht länger Last für endlich freie Hände

– sich neu begreifend: so als wichen Wände
... und wüchse uns ein Land, noch rauchumweht,
aus seiner selbst gewisserem Gefühl.

7. Dezember 1997

4

Doch daß du weißt, wie uns geschah,
als wir verlorengingen:
Wir wurden fast zu Dingen,
die nichts sind ... außer – da;

und manchmal nicht an ihrem Ort:
als wären da noch andre Räume,
... in die man eintritt wie in Träume
und wieder – fort

an seinen zugewiesnen Platz,
... vielleicht – allmählich zu erfahren,
woher wir einst gekommen;

und fühln uns weggenommen,
-gerissen wie aus einem Satz,
in dem wir mehr als Worte waren.

4. April 1998

5

Grenzenlose Finsternis,
und die Zeit tropft von den Bäumen
hin zu andern, fremden Räumen:
mir so ungewiß

wie längst auch dein Mund,
… den ich dennoch fühle
– Bote einer Kühle,
die ein … leerer – Grund

trägt: als trüg' er nichts
… außer sich;
und den letzten Rest an Mut,

– der durch unser Blut
pulst, löscht deines Angesichts
Flackern sich nun Strich für Strich.

30. April 1998

Und wir war'n schon voller Nacht,
nicht mehr länger unsrer Sorgen
eingedenk und all der Morgen:
ihrer ungebrochnen Macht,

uns zu zwingen wie ins – Nichts;
stöhnend unter tausend Lasten
leere Stunden zu durchhasten
– Zeugen unsres Ungewichts,

... das im Dämmern sich verliert:
nie erschöpfter Glut entgegen,
die uns ... ausharrn läßt; – erhellt

in Erwartung einer Welt,
die auf traumverschlungnen Wegen
... weg von Leid und Tränen führt.

16. Februar 1998

An unser Herz rührt, ganz leise,
manchmal ein fremdes Erbarmen:
in uns erfühlend ... den Armen,
der auf bedrückende Weise

immer noch weiter die Reise
fortsetzt des Lebens dem Warmen
... oder doch Wärmern zu; Harmen
lassend ... im Anblick der Schneise,

die aus der Wirrsal der Welt,
unseres Menschseins Versagen
– wegführt: das Herz sanft zu lüften;

– offen kaum spürbarem Driften,
drin seinem trostlosen Schlagen
zögernd sich – Hoffnung gesellt.

26. September 1996

ABENDGEDANKEN

1
(Nicht unbedingt ernüchternd …)

Spielt müd' in deinem Haar
des Tages erstes Sterben
– wer mag das Nachspiel erben?
bleibt bloß, was … niemals war;

und kommt, was auch kaum … wird,
aus späten Winterstürmen,
– drin fremd sich Worte türmen:
von letztem Mut durchirrt;

dem Steuer vager Fähre,
die – untergehen müßte,
sich kaum zu halten wüßte,

… bestiege sie das Herz
bar jener heitern Leere,
die nach uns greift im März.

8. März 1998

2
(… Vielleicht dennoch ermutigend)

Stiehlt müd' das erste Sterben
des Tags sich in dein Haar,
läßt, was noch zu umwerben
wär', augenblicks gewahr

ganz andern sein: als Drohen
aus … jeder Dämmerung,
– das allen heitern Schwung
hinabzwingt in den rohen

Gang einer fremden Zeit;
– zäh auf den Straßen lauernd,
uns langsam … aufzusaugen,

… bis wir zu nichts mehr taugen,
als – anderem bereit
zu sein: so überdauernd.

8. März 1998

SCHWÜLER, HITZESCHWERER TAG
… und die Zeit rinnt von den Händen,
tropft, bang unsres Herzens Schlag,
in des Abends transparenten

Grund, … den du gelassen siehst,
stehend an noch späten Ufern
letzten Lichts: schon fremden Rufern
zugewandt; durch ihre List,

– die du träumend selbst gebierst,
für Sekunden abgekommen
vom dir vorgegebnen Lauf,

der dich – wiederfindet; auf-
greift: und weißt dich aufgenommen
erst, wo du dich – ganz … verlierst.

4. Juli 1993

Am Ende liebt man, was man haßte; tut man, was zu tun man
sich für gänzlich unfähig hielt – Ja aber, wer – ist – ich? Ist dieses
Leben denn *rund*? und dieses System von Zu- und Abneigun-
gen, Klarheiten und Schatten; dieser »Raum«, wie ihn das einem
lebenden System Mögliche darstellt, ist ein gekrümmter Raum.

Paul Valéry

‹VOM ENDEN STETS SCHON
IN UNS HAUSENDEN WINTERS›

Tritt herein ins Nirgendwo,
und laß stumm die Blicke schweifen!
jenen Abgrund übergreifen,
der nicht aufbricht, seit wir froh

unsres Hierseins – Tod ... begrüßten:
aus der Stunden Immer-Schon
... ohne Hoffnung – leidentflohn;
und nun sinkend hin zu Küsten

... andern Lebens, das uns wild-
fremd durchströmt: als würden *wir*
jäh – zu einer Ankunft Tür,

die nur noch von Grenzen weiß,
deren Widerstand wie Eis
wegschmilzt in ihr Ebenbild.

2. Februar 1998

ZUR ERMUNTERUNG

1

Wie rauh und spröde deine Lippen sind,
als kämen sie aus ungenutzten Zeiten,
und sei nun Zeit, sich endlich zu bereiten
für eine Reise mit dem nächt'gen Wind

durch jene Landschaft, ... die wir längst nicht mehr
besitzen, – weil wir allzu viel vergaßen
von den Alleen über sattem Rasen,
die jetzt der Sturm peitscht: Masten, die ein Meer

unruhig jagt und tobend weiterträgt;
und scheint in unser beider Hand gelegt,
– sie zu bewahren ... und in ihnen uns

in einer Anstrengung sonst andern Tuns:
uns selbst vergessend länger nicht zu säumen,
den letzten Ballast aus – uns ... auszuräumen.

19. Februar 1998

2

Und wisch ich dir das Haar aus feuchter Stirn
wie feine Falten, aus noch fernen Zeiten
gekommen, … um sie uns schon zu verleiden:
als wäre deine Haut bald rauher Firn

– bedenk! wir geben unsre Zeit nur aus,
uns, in ihr nistend, notdürftig zu rüsten
für all das Wüten, – das uns zu verwüsten
sucht seit Beginn des sturmumtosten Baus;

des Nachts ein leichtes, ungewisses Schiff,
– in ungestümer Wogen Zähneblecken
zu … sinken drohend oder zu zerschellen;

bis unsres Mutes Gründe stärker quellen:
zur Nähe findend unsrer tiefsten Schrecken
und Eintracht suchend – mit dem schärfsten Riff.

21. März 1998

Zuweilen denke ich an dich,
… um an nichts anderes zu denken:
als helfe mir dies Mich-Versenken
beim Absprung ins unweigerlich

von *allem* leergefegte Jetzt,
– in dem ich selbstvergessen ruhe;
… bis mich das Klacken deiner Schuhe
hart aus dem kurzen Tagtraum hetzt,

darin ich, ganz mit mir allein,
bloß noch der – *einen* Ankunft lausche:
die mich aus Zeit und Raum nach Hause

holt; sei's auch zu nur kurzer Pause,
… nach der ich solch Gekommensein
mit nun dem – deinigen vertausche.

22. März 1998

III

Kurzanzeigen

KAHLES GEÄST –
suchende Schritte;
… was hält uns fest
über dem Rest
– gestriger … Mitte?

10. November 1996

SPIELARTEN DES VIELLEICHT

1

Und der nur führe gut,
der das … Vielleicht bedenkt;
ganz – in sich selber ruht,
… und nie sein Herz und Blut
mit kalter Logik kränkt?!

14. Januar 2006

2

Laß Raum für ein … Vielleicht,
strotzt übervoll dein Leben!
– drin dich schon bald erreicht
was sich … dem Wind vergleicht:
läßt's dich in ihm verschweben …

14. Januar 1998

3

Laß das Vielleicht beiseite;
– und schlag nun unbedrückt
und frei, mein Herz: Bescheide
dich nicht ... vor jenem Leide,
in dem man sich erst – glückt!

14. Januar 1998

ZEILE FÜR ZEILE
füllt Blatt sich um Blatt;
... aber das heile
Jenseits der Eile
– wo findet es statt?

13. Januar 1998

1
⟨Sozusagen die Grundfrage⟩

Ungeliebter Tage
graues Einerlei,
… stört nur noch die Frage,
ob, – was ich dir sage,
ich … mir selbst – verzeih.

4. Januar 1998

‹Umformung zu wechsel-
seitiger Austauschbarkeit›

2/1

Ungeliebter Tage
graues Einerlei,
quälte nicht die Frage,
was ich ... mir – versage,
wenn ich – dir ... verzeih.

2/2

Ungeliebter Tage
graues Einerlei,
quält nicht doch die Frage,
was ich ... dir – versage,
wenn ich – mir ... verzeih.

15. Januar 2006

3
⟨Fazit sogenannter
schöner Menschlichkeit⟩

Ungeliebter Tage
graues Einerlei
– steht längst außer Frage,
daß ich … dir – versage,
was ich – mir … verzeih.

1. Juli 2009

NICHTS ALS ABSCHAUM – ALLE GUT,
stets erbötig – nie gewärtig,
unbesonnen – auf der Hut:
voller Angst vorm eignen Mut;
… kaum am Rand des Selbstseins fertig.

10. November 2013

Daß wir unseren Nächsten so selten
mit Worten trösten können, beruht
vielleicht zum Teil darauf, daß unsere
freundliche Gesinnung, ehe sie über
unsere Lippen kommt, ganz ohne unser Zutun beeinträchtigt wird.

George Eliot

Die Menschen sind nicht, wie sie sind,
sondern sich selber immer noch Frage und Aufgabe.

Karl Jaspers

Glücklich, die wissen, daß hinter allen
Sprachen das Unsägliche steht;
daß, von dort her, ins Wohlgefallen
Größe zu uns übergeht!

Rainer Maria Rilke

SAG JETZT KEIN WORT, das schon bald
nicht mehr umhinkann – zu lügen,
seit knappe Blicke genügen,
sich – mit sich selbst zu betrügen,
… bis man mit Tränen bezahlt.

26. Dezember 1997

HUNDERT JAHRE DÜSTERNISSE,
Haß und Unversöhnlichkeit;
… und stets nur ins Ungewisse
fragend, wer uns je – zerrisse,
– was so hoffnungslos entzweit.

27. Januar 1998

WAR DASEINSVERGESSEN
– in vollem Galopp;
von Zweifeln zerfressen –
doch, ach, wie vermessen
… in bloßem … Als-ob!

21. Dezember 1997

DOCH IST NUN JULI GEWORDEN
… und alles berechtigt
– wird auch die Stille so laut,
daß sie sich … unser – bemächtigt.

5. Juli 1993

‹LETZTER NACHHALL DES
PLATONISCHEN *ZWISCHEN*?›

Meid alles Übermaß!
– und werd dir selbst vertraut;
wechselt mit Liebe Haß –
such das … Dazwischen! das
… schwankt, bis man darauf – baut.

11. Oktober 1996

FLIRRENDES LICHT spielt in den Bäumen;
Wege ruhn aus – schweigendes Säumen,

… zögert der Schritt, raschelnd im Laub:
dunkelndes Gold – goldener Staub.

1961

DAS JAHR SCHON VEREBBEND ...

1

Das Jahr schon verebbend – nun finde
auch du den dich rettenden Hafen;
mißtrau allem Hinhalten – binde
an nichts mehr dein Herz! ... weil dich Gründe
hierfür doch nie wirklich betrafen.

9. Oktober 1996

2

Das Jahr schon verebbend – nun finde
in ihm den dich bergenden Hafen;
werd gänzlich zur Suche – verschwinde
in ihr! … wie ersterbend die Winde
das Blatt umspieln: in ihm zu schlafen.

16. Dezember 2014

NUR SELTEN ZUWENIG ... UND NIEMALS ZUVIEL
– kaum mehr als ein stets schon verlorenes Spiel.

Zwar manchmal gerufen, – doch kaum je gehört;
... und immer noch lachend: ein wenig verstört.

1959

ABER RUND LIEF ES NIE;
doch all des Widerstands
Spuren – wo zeigen sie
… und, – uns bedenkend: wie,
neben Härte auch – Glanz?!

7. Oktober 1996

WIEDER EINMAL HEILIGABEND:
uns aus lang Entsunknem grabend
– ganz Geheimnis; übervoll
tief in eine Mitte ragend –
heißer Herzen dumpfen Groll
… und des Lebens Angst verjagend.

24. Dezember 1996

IV

Aus nie gewesenen Zeiten

MANCHER TAGE ABEND
wird aus Glut ein Flammen;
herzwärts strömt zusammen,
teil an allem habend,
was sich so – vergißt,
… wie aus andern Tagen
nie das stumme Ragen:
das nur … Warten – mißt.

1968

WARTE EIN WENIG! Über ein kleines
hörst du die Klangspur rollenden Steines;

... spürst du das Atmen tief aus der Mitte
fragender Herzen: tastend wie Schritte;

– packt dich das Pulsen, kommend im Weichen
flutenden Lebens – als deinesgleichen;

wirst du allmählich, was dich längst hat;
Winden gehorchend – sie haltend ... als Blatt.

29. März 1998

TRISTITIA VITAE

Es ist im Leben nun einmal so, daß, wer begreifen will, wer
wirklich wissen will, wie es um diese Welt bestellt ist, minde-
stens einmal sterben *muß*. Und da dies das Gesetz ist, ist es
besser, jung zu sterben, wenn man noch alle Zeit vor sich hat,
sich wieder aufzurappeln und aufzuerstehen ... Erst im Alter zur Einsicht zu kommen, ist schlimm, ist viel schlimmer.

Giorgio Bassani

Denn die gottgewollte Betrübnis wirkt eine Umkehr zum
Heil, die niemanden gereut; die Traurigkeit aber der Welt be-
wirkt den Tod.

In allem bedrängt, aber nicht erdrückt, im Zweifel, aber nicht
verzweifelt, verfolgt, aber nicht im Stich gelassen, zu Boden
geworfen, aber nicht umgekommen, tragen wir allezeit das
Sterben Jesu an unserem Leibe, damit auch das Leben Jesu an
unserem Leibe offenbar werde.

Ist also jemand in Christus, so ist er eine neue Kreatur; das
Alte ist vergangen, siehe, es ist alles neu geworden.

2 Kor 7,10; 4,8–10; 5,17

1

Schritte zögernd, Worte kaum ein Tasten,
wo der Blicke stumme Wiederkehr
still versinkt ... und läßt den Tag so leer,
– daß ihn nichts mehr hält, als jene Lasten,

die als Wolken segeln: grau auf leerem Grund;
... schon zerweht, bevor sie nach mir langen,
– und doch näher als der Klang des bangen
Kommens und dein ungewisser Mund.

Mai 1976

2

Des Lebens müde, frei vom Widerstreit
der Emotionen, die kaum länger fließen,
versuch ich's lachend; was mich noch verdrießen
könnt', ist allein, daß mir nie ganz gelingt,
mich – völlig abzuschreiben: mit der Zeit
die allerletzte Überschwenglichkeit
hinauszufegen
        in das wüste Stürmen,
in dessen Wüten dich die Hoffnung zwingt,
daß dir das Herz – in tausend Stücke springt;
und nicht, vergessen, in sich selbst – erstarrt,
wo sich gelebten Lebens Trümmer türmen:
dein harrend,
        … ist doch manches zu beschirmen
erst, wenn wir's *uns* nicht mehr zu wahren suchen;
die letzten eignen Möglichkeiten hart
zerbersten lassend …
        Oh, mitunter ward
so aufgegeben, nicht schon abzuschließen:
Vehikel bleibend; … und, sich zu verfluchen,
zum Nachgewinn: den wir nicht mehr verbuchen.

10. Februar 1981

3

Nicht mehr sehr lange – und unsere Zeit
mündet ins Warten der Ewigkeit.

Wenig Gefährten, die uns noch begleiten;
vieles verirrt und verliert sich beizeiten.

... Wechselt so alles verläßlich vorüber,
trittst du zuletzt dann dir selbst gegenüber

– und deiner Träume zerbrochene Bilder
fügen sich neu, ... scheint der Mond dir bald milder.

8. Dezember 1989

NUN KÜSS ICH DEINE HAARE
und finde deinen Mund ...
Doch sag mir nichts; bewahre
dich in dem sichern Grund

des Schweigens! ... zieht rasch Reue
rauh wie ein Sturm vom Meer
– kein Segel, dessen Treue
dich hält, wenn du dann schwer

anbrandest; und der Strand,
den deine Arme fassen,
... als sei er dir bekannt,

– nichts weiß von jenen Straßen,
die hinführn in ein Land,
das wir – zu früh besaßen.

Februar 1976

ALLES VERGÄNGLICHE LACHT:
Leb … und vergiß;
trockne die Tränen der Nacht
– wehre dem Riß!
der uns von dem, was wir sind,
stillschweigend – trennt,
… eh jenes Eine beginnt,
das sich nicht nennt.

24. Juli 1980

LASTENDEN LEBENS
DUMPFES DAUERN

Kommen noch Tage gekrochen,
wenn uns, die Angst ganz allein
sein läßt, wie totes Latein
anstarrt, was, keinem versprochen,

aus dem Gestein dürrer Zeiten
dennoch – jäh aufbricht; … und blüht
an uns – vorbei: Widerriet
doch unser Herz, uns zu kleiden

in nur des Augenblicks Dauer,
bloß einen Lidschlag; genauer
noch: kaum Erinnern, – das flieht,

was es im Erdenlauf sieht,
drin, … als sei in ihm zu bleiben,
wir fast besinnungslos treiben.

12. Januar 1992

ZUM TOD DER MUTTER

Der Tod kam; kam mit leisem Schritt
nach langem, langem Weg.
Und nahm mit sich, was um uns war,
als wär' es fast schon fort:
so drängend, unaufhaltsam – *dort!*
… wohin wir nicht zu folgen

vermochten; kaum den Blick
zu heben, … der sich wendet
nun hin zu uns, – dem letzten Stück
des eignen Wegs: dorthin zurück,
wo wer dann … *was – ›beendet‹?*

18. Dezember 1988

SILVESTER-GEDANKEN

1

> Wer nur einigermaßen zur Freiheit der Vernunft gekommen
> ist, kann sich auf Erden nicht anders fühlen denn als Wanderer,
> – wenn auch nicht als Reisender *nach* einem letzten Ziele: denn
> dieses gibt es nicht. Wohl aber will er zusehen und die Augen da-
> für offen haben, was alles in der Welt eigentlich vorgeht; deshalb
> darf er sein Herz nicht allzufest an alles einzelne anhängen; es
> muß in ihm selber etwas Wanderndes sein, das seine Freude an
> dem Wechsel und der Vergänglichkeit habe.
>
> *Friedrich Nietzsche*

>   Ach, in den andern Bezug,
> wehe, was nimmt man hinüber? …
>   – Und diese, von Hingang
> lebenden Dinge verstehn, daß du sie rühmst; vergänglich
> traun sie ein Rettendes uns, den Vergänglichsten, zu.
>
> *Rainer Maria Rilke*

Silvester-Gedanken. Ich friere
dem kommenden Jahr entgegen:
längst jeglicher Strategie
bar und aller Taktik, der nie
mißlang, mein Herz zu bewegen,
– doch stets, des Lebens Geschwüre

verheilen zu spürn; zu ›verlanden‹:
als wüchse ein – anderes Land
zu einer genesenden Welt,
in der bald … auch Abschied gefällt,
… sucht nichts mehr in sich nach Bestand;
gewillt, sich allmählich abhanden

zu kommen – in bloßem Bezug
nur zögernd getroster Gedanken,
die, Blättern gleich, heimatlos treiben,
… als sei erst solch Ziehn jenes Bleiben,
das uns aus noch wehrenden Schranken
löst: weil schließlich allem genug

an Aufmerksamkeit widerfuhr,
nun auszuruhn; nichts mehr zu wollen,
als weichendem Unwettergrollen
Geleit zu sein und letzte Spur.

31. Dezember 1989

2/1

Nun das Jahr vorüber-
geht und aus der Zeit,
sei auch du bereit!
für ein Gegenüber,

das, dir niemals ... nah,
immer ... Kommen bleibt;
nie dem Sein zu treibt
und doch plötzlich – da

ist; und wieder fort,
... traf dich auch ein Wort
– und so unbedingt,

wie am Weg der Ast,
dich, bar letzter Hast,
stumm – ins Leere winkt.

31. Dezember 1990

Nun das Jahr vorüber-
ging und aus der Zeit,
sei auch du bereit!
für ein Gegenüber,

das, dir manchmal – nah,
dennoch … nichts als Kommen
blieb; und so verschwommen,
daß man mehr nie sah

als des Treibens Flut;
drin doch – da und – gut,
ist, … was sich umreißt,

… aber kaum gelingt,
eh' der Funke springt,
der zusammenschweißt.

31. Dezember 1990

LASS uns nun
endlich ruhn
und … vergessen!

was wir wollten,
oder – sollten;
doch als wessen

Traumgesicht?
… letztes Licht,
– über dessen

Uns-Entschwinden
wir uns … blinden
Augs – neu messen.

14./15. August 1989

... die Stille schien wie Schneeflocken herabzuschweben. Sie erschauerte ... Wie fürchterlich. Die Einsamkeit ist das Entsetzliche. Wie Blätter wirbeln wir dahin, und keiner weiß – keiner schert sich darum, wohin wir fallen, in welchem dunklen Strom wir entlangtreiben.

Katherine Mansfield

Eine Stunde der Einsamkeit kann uns denen, die wir lieben, näher bringen als viele Stunden des Zusammenseins: Sie führt uns zusammen auf die Hügel der Ewigkeit ... denn nur in der Einsamkeit können die, die allein sind, die erreichen, von denen sie getrennt sind. Nur die Gegenwart des Ewigen kann die Wand durchbrechen, die Vergängliches von Vergänglichem trennt. – Wenn wir uns jetzt fragen, was das Wesen der Einsamkeit ist, so können wir sagen, daß es die Gegenwart des Ewigen inmitten der Unruhe des Vergänglichen ist. Es ist das Erlebnis, trotz unseres Alleinseins nicht verlassen zu sein.

Paul Tillich

VARIANTEN DER EINSAMKEIT

1

Einsamkeit in all den Orten
längs der Straße unsres Lebens
– Mutes der Verzweiflung voll;
der Verzweiflung unsres Mutes:
dem für immer gleichen Ziel
angstvoll uns entgegenwindend,
... sind wir nichts mehr als Bewegung,
eingehüllt in müdes Schweigen;
ruhelos noch stets vergebens
suchend, – was uns nie entfiel
... im Gewahren dunkler Regung
eines Zustroms wie des Blutes
– fremden Seins: uns an sich bindend

... und doch nichts als, leer geworden,
launisches Sich-zu-uns-Neigen
einer Melodie in Moll.

19. Februar 1998

2/1
(Noch stets verstört)

Friedevolle Einsamkeit
– zärtliches Verblassen
dessen, … was wir lassen
wie vor aller Zeit

… und aus ihr heraus:
gleitend in das Nichts
eines andern Lichts,
– das auf nichts hinaus-

will; uns kaum je zu-
kam – und -kommt: die Ruh'
keinem stört,

… bleibt auch immer ungehört,
was wir meinen,
wenn wir träumend weinen.

14. Mai 1998

2/2
(Schon fast gelassen)

Friedevolle Einsamkeit
– zärtliches Verblassen
dessen, … was wir lassen:
schon geraume Zeit

sacht aus ihm hinaus-
gleitend wie ins Nichts
jenes andern Lichts,
das auf – nichts mehr aus

ist; und will
uns ganz ruhig … und so still,
– daß uns nichts mehr stören mag,

… ob auch bald der Tag
steigt zu strengem Glanz
aus dem Sinken nächt'gen Lands.

15. Mai 1998

WIE SELTSAM, daß auch dies noch Liebe ist,
wenn wir uns quälen und so tief verletzen,
daß Taten, Worte, Blicke – Wunden ätzen,
die jeden zeichnen, … und man doch vergißt

vor einem Lächeln, das uns neu erblüht;
… und wie im Weizenfeld ein kurzer Schauer
des Sommers Gold bewegt, zeigt sich ein lauer,
tiefblauer Tag, durch den nichts Fremdes zieht,
jäh – herbstgestrandet, trüb und voller Trauer.

Oktober 1975

Was ist's, das wir so gut kennen und doch nicht aussprechen können? Was ist's, das wir sagen wollen, und wofür das Wort uns gebricht? ... – Wir wissen es nicht. Wir wissen bloß, uns fehlt die Zunge der Offenbarung, die Sprache eines vollkommenen Ausdrucks für die wilde, musikgewordene, herzenschwellende Freude, für das wilde, kehlenschnürende Weh, für den wilden, hirnzergellenden Schrei, für all das, was wir so gut kennen und nicht aussprechen können ... – Wir wissen bloß, daß wir alles haben und nichts halten, daß das wilde Lied von der Erde in uns aufwallt und daß uns dennoch die Worte gebrechen – und hierin, das wissen wir, liegt das leidenschaftliche Rätsel unseres Lebens bitter beschlossen ...

Thomas Wolfe

AUCH SCHWEIGEN ...

1

Schweig zuweilen
vor der Schwüle
der Gefühle
tief im Raum;
vor der Liebe
Wortgestiebe
in der Hast
kurzer Rast
an der Stille
schwerem Saum;
... vor der steilen
Flucht ins ... Nichts,
– wenn nicht eher
doch wohl noch
etwas ... ›höher‹
– weg vom Joch
unsrer Mitte

hin zur Sehnsucht
Traumgefährt –
bange Schritte,
kaum beschwert
von der Klage,
die als Frage
zu verstehn sucht,
daß nichts ist,
als des Lichts
klarer Wille,
– dunkle List.

30. April 1998

2

Und dann auch schweigen, weil wir erst empfinden,
wo schon zu wissen uns noch nicht gegeben
ist: ruhig bleibend ... wie ein leichter Wind,
der spürt, daß etwas zueinander will;
– doch niemals weiß, ob es sich schließlich finden
wird ... als ein Anflug kaum erahnter Leben,
einander, tastend, werdend, – was sie sind:
Gefühl, das aufwallt, – hell wird, ... wieder still.

3. Februar 1998

DIES FAHLE BRAUN – wie es die Farben bindet!
die einen heißen, langen Sommer blühten,
… dann herbstlich flammten, himmelweit verglühten
in einem Wechsel, der, was er entzündet,

in Bildern findet, – die uns nicht mehr traun;
sich von uns lösen … wie wir uns entziehen,
wenn wir den Nachklang jener Tage fliehen,
der uns noch wärmt in diesem fahlen Braun.

November 1975

V

Ausführlicheres Bedenken

Gingen wir auch nur, um andern jenen
Platz zu machen, dessen sie bedürfen:
dort, wo wir vielleicht zu lange waren,
wirklicher zu werden, voll und ganz
in ihr Sein zu finden, seinen Glanz
zu bestaunen – fest von ihm besessen;
… oh,
        auch wir verliebten uns schon bald
neu – und wurden satt an reichen Jahren,
ungetrübt durch flücht'ge Weltvergessen-
heit so mancher;
                andrer tiefes Sehnen,
gänzlich wie aus allzu dichtem Wald
(sich zu tief ins Sein gebunden wähnend)
abzuziehn; … bis selbst dem letzten heiß
aufwallt, daß wir's, alle, müde wurden,
nichts zu sein, als nach noch andern Furten
Sucher
        – bloß, damit wir heimlich gähnend
wieder auf den alten Bahnen schlurfen:
längst nicht mehr Gesuchtes spät zu finden,
wo man kaum noch um sich selber weiß,
… bang bereit, nun, zögernd, zu verschwinden.

6. November 2006

Es ist ein Land Verloren,
da wächst ein Mond im Ried,
und das mit uns erfroren,
es glüht umher und sieht.

Paul Celan

Es gibt keine Orte, die gefeit
sind, und der sehnsüchtig
Heimkehrende bringt unter
Umständen die furchtbaren
Wolken der Zerstörung sel-
ber mit.

Marie Luise Kaschnitz

ES IST EIN LAND VERLOREN …

1

Es ist ein Land verloren,
bereit, sich von uns finden
zu lassen: im Versuch,
sich vor uns – zu verschließen,
dem Übergriff zu wehren,
der Letztes zu verheeren
sucht, seit wir unverfroren
uns zwanghaft einverleiben,
was bei sich selbst zu bleiben
wünscht: und auf sich beharrt;
scheint's fast auch Frevelei,
zu schrill die Litanei
des Ungebundenbleibens:
sich *allem* zu entwinden
bedacht; ach, wie erschrickt
man schon, wenn bloß ein Buch

stumm … Zeilen vorenthält,
die zwar dem Sinn kaum fehlen,
jedoch das Aug' verdrießen
und – heiß das Herz uns quälen,
als stürbe seine Welt;
… ob die versprengten Rotten
auch bald als ganze Flotten
im Vorenthaltnen geistern:
kurz wie … im Schlaf erblickt
– und dem Entschluß, solch Treiben
nicht mal im Traum zu meistern.

30. November 2006

2

Es ist ein Land verloren,
sich selber unbekannt,
darin noch Liebe wohnt:
den Blicken tief verborgen,
falls man das Auge schont,
das, nur ... sich selbst zu finden,
in – anderem zu gründen
versucht; und – nicht zu sehn,
wie fremde Schiffe gehn,
die jeden Hafen meiden,
– und ziehn in einen Morgen,
der sie ins ... Heute bannt,
... bis sanfte Wellen leise,
von niemandem erkoren,
je kundzutun, was leiden
heißt, einen Bug umspielen:
als wüßten sie von Zielen
höchst ungewisser Reise.

21. Dezember 1997

VOR NICHTS MEHR FLIEHEND und ein Ziel
zu finden längst nicht mehr gewärtig,
treibt man doch wie gebannt sein Boot,
als sei's des Lebens Schiff (worüber
kaum ein Gedanke in den Sinn
kommt), ständig weiter, ohne Not:
ganz einfach, weil stets viel zuviel
an Zeit auf ein Geschäft verwandt
wird, das in seinem Planen fertig
vor allem Anfang, Urbeginn
war, ist und bleibt; nur um zu Rauch
zu werden, ... in dem nichts Bestand
bewahrt als blasse Silhouetten,
konturlos, aber trotzdem klar
erkennbar: ruhevoll vorüber
in kalter Logik lautlos fließend
– zu plötzlich anderem Gebrauch
geheimnisschwangrer Horizonte;
ins Uferlose sich ergießend
... als das vielleicht schon neu Bewohnte
– von wem? ... Man wäre selber dort,
verlör' man sich nicht immerfort
bloß an sich selbst, statt ganz und gar;
– und heiß wird unser Herz gewahr,
was wir noch preiszugeben hätten.

5. April 1998

Du siehst es wieder, jenes Lächeln, das
sich von dir abzog – wie Gedanken ziehen,
die, einen letzten Ruhepunkt zu fliehen,
nach etwas greifen, das des Lebens Maß

noch nicht bereithält; oder doch nur so
wie Blicke, sich erst später ganz zu finden,
noch scheu, erneut in Rauch und Dunst verschwinden,
... woraus kaum züngelt, – was bald lichterloh

in keine andre Richtung flammt als die,
in der die aufgeklungne Melodie
dem Sommer folgte, ... als er uns verfehlte;

sich aus dem dennoch warmen Lachen schälte,
drin, – schon vom Herbst her, jene Regung weht,
die – plötzlich heiß ... in fremden Augen steht.

September 1977

NUR KEINE ÄNDERUNG!

1

Nur keine Änderung!
Komme, was kommen mag:
frohgemut oder zag,
… ist doch zuletzt egal,
was uns betrifft; zu schal
alles bald, uns zu entreißen
nur diesen einen Tag …,
– der plötzlich einen Sprung
aufweist: worüber birst,
was wie für immer galt
– war es auch selten Halt,
niemandem wirklich Trost,
aber …; – ach, mag zerschleißen
Zeit uns wie Ort,
kommt auf ein letztes Wort,
über dem du nicht mehr frierst,
fest nach uns greifend, – Frost.

30. November 2006

2

Nur keine Änderung
– wahre dir den Verdruß!
von dem dein Leben zeugen
muß: weil es Leben ist,
… das allem andern scheu
zusieht; ihm zu entrinnen
sucht: als der Zukunft derer,
die es mit sich – beschweren,
es wie die Toten fest
und ohne Lockerung halten,
… wo bald in losem Falten-
wurf im ihm eignen Schwung
sich dir das Heute – beugen
wird; und Vergangnes neu
an jenem Maßstab mißt,
den dir ein flüchtiger Kuß
bringt, der gewähren läßt
… und langsam wie von innen
wegnimmt, was immer leerer
wird: bis *wir* nichts mehr stören.

30. November 2006

Nichts Schlimmeres, als den Sinn zu suchen oder zu glauben, daß es ihn gibt. Oder schlimmer noch, wenn es ihn gäbe: zu glauben, daß der Sinn von etwas, sei es auch der kleinsten Einzelheit, von uns oder von unseren Handlungen abhängen wird, von unserer Absicht oder unserer Funktion, zu glauben, daß es Willen, daß es Bestimmung gibt und sogar eine mühsame Kombination von beiden. Zu glauben, daß wir uns nicht ganz und gar dem erratischsten und vergeßlichsten, dem zügellosesten und kopflosesten Zufall verdanken …

Javier Marías

Wir sind ein Gleichnis und was wollt ihr mehr? Ist das eure Macht, zu greifen, was ihr fassen könnt, und was ihr nicht lassen wollt, zu verbergen?

Ilse Aichinger

SUCH NICHT NACH FRIEDEN! nicht nach spätem Sinn,
der, um- und umgewendet, nichts ergibt,
als jenen einen vagen Augenblick,
… dem man vertraut: weil uns in ihm ein Stück
des Seins, das überall um uns zerstiebt,
von ferne wie zu – andern Ufern hin-
zureichen scheint; und wird jäh weit und groß,
– was Ferne ist … und bleibt; auch dich von dir
entfernt, so seltsam löst, daß du, – bereit,
sie zu durchschreiten, jene letzte Tür,
bereits … verschwimmst, noch eh' aus ihr Geleit
erwüchs' für unsrer Schatten flücht'gen Troß.

24. November 1980

... der Untergrund der Straße in hitzeausströmenden Staub gehüllt, der, Wägelchen und Pferd in eine ständige Wolke wickelnd, so aussah als ströme er in zarten und senkrechten Dampfsäulen aufwärts und verdichte sich, ein vulkanisches Ur-Element, zum erstickenden Ursprung alles Feuchten, da die Staubwolke um das fahrende Wägelchen sich mitbewegte statt zu verwehen, von keinem Wind erzeugt, von keinem Lufthauch getragen, sondern aus sich selbst entstanden, Materie bildend um sie herum, ständig und für alle Ewigkeit ... *so daß ihr nirgends ankommt, sondern euch nur mit einemmal unvermerkt auf einer Ebene findet im Angesicht einer nichtssagend unerforschlichen Nacht, und es wird euch nichts übrigbleiben als umzukehren, und ich rate euch gut nicht weiterzufahren, sondern kehrt jetzt um und laßt das alles auf sich beruhen.*

William Faulkner

... der Wahrheit nach, möchte es vielmehr sich so verhalten, daß alles Das, was wir nicht zu wissen uns beklagen, von Niemandem gewußt werde ...

... das Unergründliche ist es darum, weil wir nach Gründen und Folgen forschen auf einem Gebiete, dem diese Form fremd ist ... Wir suchen nämlich das innere Wesen der Natur, welches aus jeder Erscheinung uns entgegentritt, am Leitfaden des Satzes vom Grunde zu erreichen; – während doch dieser die bloße Form ist, mit der unser Intellekt die Erscheinung, d. i. die Oberfläche der Dinge, auffaßt: wir aber wollen damit über die Erscheinung hinaus.

Arthur Schopenhauer

FINDEN ALS GEFUNDENWERDEN ENTGEGEN ALLERLETZTER UNZUGÄNGLICHKEIT DER WAHRHEIT

1

Sprachen auch vom Geld, den Sachen,
die uns so gewichtig scheinen;
und vergaßen nicht zu lachen,
weil wir nicht mehr aus noch ein
wissen: im Gefundensein
von jäh – anderer Instanz,
... die schon zuteilt, was zu missen

selten einfällt; ach, wir wissen
kaum je, was uns ziemt und frommt:
bis es wie von selber kommt
in die Wirrnis unsrer Tage
– immer wieder nichts als Frage;
von uns niemals voll und ganz
zu ermessen – außer schweigend:
unsre Augen, Herzen neigend
unerklärlich bittrem Weinen
tief in uns … und allerorten,
als ob's – jedermann betraf;
Trost erst findend, läßt ihn Schlaf
uns erblühn: fernab von Worten.

8. Dezember 1997

2

So traumhaft jenseits jeglicher Erfahrung,
als hätten alle Zeiten sich verdichtet
zu ausschließlich der einen und vernichtet,
was sonst noch war, gewährt sich ihr als Nahrung

nur Funkenflug: aus ungewissen Räumen
entlassen ins auch bloß Imaginäre
... aus Sorge, daß es sich sonst ganz entleere;
und wir hierbei zu guter Letzt versäumen,

– uns einzubringen, ... wo man unser harrt:
als schließe sich erst so die Gegenwart
vor ... letzter Wirklichkeit; uns zu – gewichten

kaum länger willens im jäh mehr als Lichten
– mitunter schon in einem Blick zu spüren,
den unsrer Träume dunkle Feuer schüren.

17. April 1998

3

Ist Leben jeweils bloß der Augenblick,
stets flüchtend – und doch immer wieder da
… und ständig gegenwärtig, gilt es, jenen
so bunten Vorhang, willens, leisem Druck
schon nachzugeben, mit beherztem Ruck
weit aufzureißen: und uns mit Geschick
von dem, was viel zu vordergründig nah
ist, – abzuwenden; es strikt abzulehnen:
in Anbetracht untrüglicher Erkenntnis
uns schließlich – Möglichen: fast wahrer als
die Wahrheit selbst; bleibt's vorerst auch nur Flucht
vor dem, was noch vom Sterben-Müssen weiß,
weil wir nicht wagen, unsre Herzen heiß
nach einem Raume fühln zu lassen, der,
von allem Unentschiedensein längst leer,
nichts andres ist, als – tieferes Verständnis,
… das Einverständnis zarter Wangen sucht
und flücht'gen Schattenspiels um schlanken Hals.

17. April 1998

MANCHMAL taucht aus schneidend scharfem Frost
unerträglich bitteren Vergessens
unsres Lebens wirre Szenerie.
… Und wir stürzen, ganz als sei nur sie
unverständ'gem Schicksal zugelost,
kaum gehalten, – in die blanke Zeit
über traumhaft tiefer Wüstenei;
bar der Absicht eines Sie-Vermessens,
… doch der Hoffnung voll des Hingelangens,
irgendwie:
          Wär' doch selbst dies ein Ziel,
– das zu finden unser Weg zu weit
abführn müßte von der bloßen Flucht
vor den Fängen stets des schieren Nichts;
– uns schon packend in dem Einerlei
unsres Widerstrebens, Zauderns, Bangens
unverbesserlichem – Viel-Zuviel
gegenüber,
          … das wir nicht mehr missen,
seit wir, alle, nicht mehr weiter wissen,
doch im Bann allmählich andern Lichts
man nicht länger nach sich selber sucht.

4. April 1998

ZUR JANUSGESICHTIGKEIT DER MUSIK

1

Die Orgelklänge tönen reich und voll durch den Sommerabend, ineinan-derfließend, klangvoll, mit jenem Hauch von Demut und Lauterkeit, als nähmen die befreiten Stimmen selbst die Gestalten und Haltungen der Kreuzigungsmomente an, ekstatisch, feierlich und profund in ihrer an-schwellenden Lautstärke. Aber auch so hat die Musik noch etwas Strenges und Unversöhnliches, etwas Absichtliches, bar aller Leidenschaft, doch voll Opferbereitschaft, und so wie alle protestantische Musik bittet sie, fleht sie, nicht um Liebe, nicht um Leben, sie verbietet es anderen, ver-langt in dröhnenden Klängen nach dem Tod, als wäre der Tod die Gnade. Es war, als ob alle, die das akzeptierten und die ihre Stimmen im Lobge-sang erhoben, um dies zu preisen, nachdem sie durch das, was die Musik pries und versinnbildlichte, zu dem geworden waren, was sie waren, mit ihrem Lobgesang Rache nähmen an dem, was sie so hatte werden lassen.

William Faulkner

Streng und unversöhnlich die Musik,
etwas Überlegtes, nicht von Liebe
noch von Leben kündend: so als sei
Frieden erst der ... Tod;
                              und die, die sich
von ihr tragen lassen, sich ihr ganz
anvertrauend – oh, sie werden Rache
üben, weil man sie, wie man sie fand,
nahm: als so nur weiterer Gewaltsamkeit
blindes Werkzeug;
                              und hierüber stets
bittern Kampfs voll selbst noch des Gebets
– Hingebung und Zärtlichkeit verebben
schon im ersten Ansatz jämmerlich:
wie ein Rinnsal Blut, des Daseins Steppen
zugeführt, bevor es auch bloß Lache

werden kann, verdampft zum Einerlei
totengleicher Unbetroffenheit;
– und doch plötzlich (weil sonst gar nichts bliebe)
eines andern Anfang,
                    jeglichen Gewands
bar – für einen Augenblick
… da: ihn uns zu füllen; und wird weit
in und um uns, was sich wie ein Land
aus dem Meer hebt und uns aus der Zeit.

22. Februar 1998

2

Sieh des Dämmerns letztes Licht
noch bewohnt von tausend Schatten,
wird der Schimmer endlich matten
Glanzes schwindend zum Bericht,

daß Musik nun unser Heil
wäre, … ließe sie sich spielen,
bis auch wir uns nur noch fühlen
als – des großen Ganzen Teil;

nichts in uns als ein … Fragment,
– dennoch Nachhall all des Klangs
und allein ihm – Unterpfand;

doch uns selbst bald unbekannt
– nur noch bloßen Übergangs
Rand, den man nicht mehr benennt.

8. März 1998

3

Träume, am Himmel verklungen,
versickernd in Moos und Gestein
– nimm sie dir, Augenblick:

Bring dich dir selber ein!
Halt dich nicht länger zurück;
und was in den Händen zersprungen,

wende zum Herzen! das kein
Segel mehr trägt, noch besungen
wird nur vom eignen Geschick

... manchmal: als hielte ein Stück
Ewigkeit, schicksalsbezwungen,
Einzug in schmaleres Sein;

lärmend als dürres Gebein,
– doch von sich selbst ganz durchdrungen:
trunken vor Glück

oder vom Wein,
... treibt man, sich beinah gelungen
dünkend, – ein Kiesel ... im Schlick.

9. Dezember 1997

4

Beim Lesen des Philolaos: Pythagoras' Gewißheit musikalischer
Harmonie des Kosmos, erklingend als Sphärenmusik, nachträu-
mend.

Rhythmisches Schwingen der Töne
... über dem Aufblitzen der
fallenden Meteoriten
auf der gelassenen Netzhaut
einer jetzt dunkelnden Welt;
wer, oh wer gäb' sie mir wieder:
mein Auge, *mein* Ohr – inmitten
Sphärenmusik? ... und versöhne
beide, ... daß *ich* so wie – *Er*
eingeh' ins Klingen der Lieder!
– denen, was manchen noch fehlt,
niemals ein andres Gesetz baut.

4. Januar 1998

VI

Sonette – ohne Adressaten?

... wehe, wie fremd sind die Gassen der Leid-Stadt,
wo in der falschen, aus Übertönung gemachten
Stille, stark, aus der Gußform des Leeren der Ausguß
prahlt: der vergoldete Lärm, das platzende Denkmal.
O, wie spurlos zerträte ein Engel ihnen den Trostmarkt,
den die Kirche begrenzt, ihre fertig gekaufte:
reinlich und zu und enttäuscht wie ein Postamt am Sonntag.
Draußen aber kräuseln sich immer die Ränder von Jahrmarkt.
Schaukeln der Freiheit! ... Buden jeglicher Neugier
werben, trommeln und plärrn ... Oh aber gleich darüber hinaus,
hinter der letzten Planke, ... gleich dahinter, ists *wirklich*.
Kinder spielen, und Liebende halten einander, – abseits ...

Rainer Maria Rilke

HERR! was haben sie aus Dir gemacht?!
Weihnachtsmann wie Santa Claus – sie spotten
Deines Zu-uns-Wollens: Und sie schotten
alles ab um unsres Herzens Nacht;

sich vertiefend in der Lichterflut,
deren Tosen brüllend um uns brandet:
höhnisch johlend, wenn es bei uns landet
und uns würgt im Toben wilder Wut,

– der kein Mensch entgeht, ... spürn selbstvergessen
wir auch plötzlich Dein so andres Kommen:
näher kaum beschreibbar, niemals fest

in uns wurzelnd; und sehn doch beklommen
ganz zerrinnen, was wir dreist besessen,
... bis Du uns ... uns wieder – überläßt.

6. Dezember 1998

Doch er war kaum mehr als Gast
in des alten Hauses Knarren,
rauhem Ächzen, leisem Scharren
wie von Füßen – letzter Hast

Herr geworden in den Steppen
unseres Gewesenseins:
nur noch mit sich selber eins
diesseits ausgetretner Treppen,

… die ins Ungewisse führen;
traumhaft offenem Gelände
zu, … als stünde keine Wand

mehr vor dem, … was schmal in Türen
aufglänzt: letzte Glut zu schüren
für den Weg, – der sich so fand.

29. April 1998

OH, DASS WIR WÄREN,
WAS MAN VERSPRICHT!
und nicht zu schlicht
für ein Begehren,

das dich – hinaus
über dich selbst zwingt;
... bis dir das Herz springt:
aus dir heraus-

drängend ins Licht
endloser Weite
freien – Sich-Gebens;

... klingt auch die Saite
– anderen Lebens
nur im ... Gedicht.

25. Februar 1998

LACH, OH LACHE NUN DES WECHSELS,
drin dir alles so verschwimmt,
seit der Herbst die Farben stimmt:
und des frühern Wortgedrechsels

Grund ins ... Bodenlose fällt,
– das auch dich von dir entbindet,
... eh, ein Punkt kaum, zu dir findet,
was sich dir als – Gegenwelt

aufreißt; so erbarmungslos,
als sei heitrer Sommer bloß
eitler Tand, nur ... Spiel gewesen,

– das ein übergroßer Besen
wegfegt: wo noch munter Drachen
steigen durch verstörtes Lachen.

23. Oktober 2003

‹NEUJAHR – MIT ALTER MAXIME
BZW.
... OHNE ALTERNATIVE›

Und hab ich dich vergessen,
geschah's, als ich dich sah:
nur von dem Wunsch besessen,
du kämst mir nie so nah

wie andres, übermächtig,
das mich – zerbrechen wollte,
... bis ich mich aufgab, trollte,
mal rascher, mal bedächtig,

... bedacht auf kühlen Sinn;
mein Herz: ein zäher Schwimmer,
– ganz anderm Ufer zu,

... vor dem mein Jetzt und Immer
verraucht – warst doch nur du
Wozu mir und Wohin.

1. Januar 1994

NACHSOMMER

Flotten aus Hitze und Staub
sind unverkennbar gestrandet
– anderes Gut wird gelandet:
Und jedes Herz sinnt auf Raub

über dem flammenden Laub,
... mit dem ihr nochmals entbranntet,
eh' ihr euch – allem entwandet
hin zur Devise: Nun glaub

keinem und nichts mehr; laß ziehen,
was nicht dem Herzen entspricht!
Denn *jede* Stunde ist groß;

– und wir versäumen uns bloß,
... sehn wir im Nachmittagslicht
schon das des Abends verblühen.

5. Oktober 1998

Denn jetzt war jener Augenblick, jenes Zögern gekommen,
wo die Dämmerung zittert und die Nacht noch verweilt; wo
das Gewicht einer Feder die Waagschale zum Sinken bringen kann. Eine Feder noch, und das Haus, sinkend, wäre hin-
abgestürzt in die Tiefen der Finsternis ... Wäre die Feder
gefallen, hätte sie die Schale zum Sinken gebracht, so wäre das
ganze Haus in die Tiefe gestürzt, um drunten auf dem Sande
der Vergessenheit zu ruhen. Aber da waltete eine Kraft; nicht
gerade übermächtig mit Bewußtsein gesegnet; sie schielte
und schlingerte; und es war ihr nicht verliehen, ihr Walten
mit würdigen Gebräuchen oder feierlichem Gesang zu voll-
ziehen.

Virginia Woolf

AUF EINMAL wird es still
in wüster Winde Toben:
als sei es aufgehoben
von Einem, ... dem mißfiel,

wie Herbst nun – alles will;
das Unterste nach oben
zerrt: endlich zu erproben,
was – Ernst ward oder ... Spiel

blieb karger Melodie,
... die noch zu vielerlei
verknüpft, – frei zu erklingen;

es sei denn im Zerspringen
zu Fetzen Sturms: im Schrei
abgründ'ger Harmonie.

1. November 2004

Ist alles schön, ist alles gut,
das Gestern wie das Morgen –
die Summe unsrer Sorgen;
doch das, was unser Blut

durchirrt: uns zu verbrennen
in – einem Augenblick,
... aus dem uns nichts zurück-
bleibt, um es zu benennen,

ist ohne jedes Maß;
verflüchtigt sich wie Gas
– ein Lufthauch schon genügt,

und es verraucht, verfliegt,
... woran noch lange leidet,
wer sich – zu früh ... bescheidet.

März 1977

ENTFÄRBEN SICH DIE TAGE
zu Schatten – rasch vorbei
in düsterm Einerlei,
vergißt du selbst die Frage,

– woher sie denn gekommen;
als wäre erst ... von hinten
genauer zu ergründen,
was dir stets so verschwommen

erschien: fast wie ein Bild,
das, ... randlos, auch – zur Mitte
hin ... leer zu werden scheint;

bis niemand, was gemeint
ist, weiß im Klang der Schritte,
der nur sich selber gilt.

30. Februar 1998

Und es drang so vieles auf ihn ein,
daß er um sich selbst kaum länger wußte
– nicht mehr deutlich auszumachen, mußte
er heraus aus Raum und Zeit: drin sein

Lächeln, warm zu heiterm Auge fließend,
nichts an Echo fand als – nackte Wand;
bloß den Schatten einer kalten Hand,
… und warn zwei: des Kommens Glück umschließend,

einst, als Fremdes … Fremdsein rasch – durchstieß,
weil es auf Kontur traf; klar umrissen
mitten im Geheimnis, das – erfror,

sich in Namenlosigkeit entließ,
seit wir, alle, von uns nur noch wissen,
was zu wissen jeden Sinn verlor.

8. Dezember 1998

HIRNGESPINSTE, RAUCHGEBILDE
und noch Vageres als dieses
jagt ins Knirschen uns des Kieses
auf dem Weg in ein Gefilde,

welches wir noch nie betraten:
Und im Stocken unsrer Schritte
sehen wir die – andre Mitte
… weichen: sie aus Nebelschwaden

spät erst … andernorts zu greifen;
zu erhelln, … was so zu Teilen
würde endlich andern Lebens,

– dessen Ankunft wir vergebens
suchen – außerhalb der heilen
Blicke, die uns manchmal streifen.

5. April 1998

LÄCHELNDES SPIEL ...

1
(Kaum mehr als be-
drückender Tagtraum)

Lächelndes Spiel
tödlichen Ernstes;
– Nähe gefiel
nur als ein Fernstes,

– bloß als das Gestern
in unserm Heute:
ob uns auch freute,
was wir verlästern;

was, rasch ... bereut,
Gleichmut erfordert,
– Mut allerenden ...:

... jedermanns Händen
immer beordert;
niemals betreut.

5. April 1998

2
(Fast heiteres
Nachtstück)

Lächelndes Spiel
bald traumtiefer Weite
– was lange gefiel,
weicht nun von der Seite;

… treibt Ufern entgegen
des Schlafs: uns dem Heute
entnehmend, … als reute
zu langes Entlegen-

sein von erster Kunde
unendlichen Leichtseins –;
… des Flugs ins Sich-Lösen

vom Guten wie Bösen,
– des für eine Stunde
von nichts mehr Erreichtseins.

1. März 2006

SPRÖDES, KAUM ENTROLLTES BLATT
– zu verschreckt, dich zu entfalten?
... stehst du doch ganz unterm Walten
Dessen, der beschlossen hat,

daß du deine Scheu verwinden
wirst! wenn an dir blüht und reift,
– was als Frucht bald Herbstwind streift:
dich der Ferne einzubinden,

bis du nichts mehr als ... Erfahrung
bist verschwiegener Verwahrung:
traumhaft sicher wie zum Schlaf

eingerollt; ... und, welk und brav,
allem Wechselspiel entkommen,
wieder aus dir – fortgenommen.

29. März 1998

IN ALL DEN TOTENÄCKERN LIEGEN SIE.
Und leben fort in ihrer Kirchen Bögen,
… und ist, als ob sie die Gedanken wögen,
mit denen unser Haupt sich neigt, manch Knie

sich beugt vor jener unerschöpfbarn Kraft,
– die ihnen zuwuchs, – wie wir sie verlieren,
wenn unsre müd gehetzten Herzen frieren:
vor ihrer Zeit ernüchtert und erschlafft;

kaum noch bereit, auch uns hineinzustellen
in ihren Reigen: der, als wär's ein Lied,
im Raume steht; … und unser Sehnen stillte

– und übersteigt, … darf sich uns kurz gesellen,
was, nichts als Zugewandtsein, herbe Milde,
erfahrn läßt, wie uns immer noch geschieht.

25. September 2011

KLAR KONTURIERT der Brauen
Schwung – noch nach Jahr und Tag:
fast wie aus Erz gehauen;
und doch: Wie leicht vermag

man es, dies – umzuschmelzen,
… bis, nichts als Surrogat,
sich körn'ges Granulat
entfernt von jenen Spelzen

die, nicht mehr auszumahlen,
dir das, wovon die Zahlen
und Zeichen einer Zeit,

die Wörter wahllos reiht,
trotz tausend Phrasen … schweigen,
in … Augenblicken – zeigen.

Mai 1977

Mitunter sind wir überrascht,
wenn wir des Lebens Weinen hören:
als wolle es auch uns verstören,
sofern es uns – erhascht

und ebenfalls betroffen macht;
… wär' nicht zu viel stets einerlei
– egal, was ganz bleibt, was entzwei-
geht: auf Betrug bedacht,

… des unbestimmtem Charme
wir dennoch bang entgegensehn,
weil er sich mit uns mißt;

worüber man vergißt,
sich selbst … wie auch dem fremden Arm
für kurze Zeit zu – widerstehn.

10. April 1998

... das weiße Papier der Bezüge, das leere Papier wußte vom
Grau der Übergänge am Morgen, am Abend, und wußte vom
Wahnsinn in der Dämmerung, von Untergängen im Zwielicht, und verbranntes Papier wußte von erloschener Schrift ...
Niemand [aber] wußte, was sie wirklich gewesen waren,
diese Schatten, niemand wußte, was das Blei gewesen war,
bevor man es geformt hatte zu schweren, und doch vergänglichen Figuren ... Und niemand wußte, ob die Schatten im
Wasser wirklich Fische gewesen waren, ob die unsichtbaren
Schritte, die nachts hörbar waren, wirklich gegangen worden
waren. Oder nur die Schatten von Schritten waren.

Wolfgang Hilbig

... auf einer fremden Erde / zwischen Rosen und Schatten ...

Ingeborg Bachmann

Schatten, die auf Schatten fallen
– doch noch blüht die Heiterkeit,
die, mit sich nicht schon entzweit,
weiter reicht; als reichten ... allen

Abgezogenseins Gewänder
tief bis an den Saum des Nichts
eines völlig andern Lichts,
... das sekundenlang Geländer,

Treppen, Balustraden trifft;
überflutet ... und versinken
läßt in einem Augenblick:

der zu wechselndem Geschick
sondert, die in ihm – ertrinken
werden oder – eingeschifft.

27. Januar 1998

VII

Ungereimtes, mitunter gereimt *

*Obwohl mit dieser Beinahe-Umkeh-
rung der früheren Formulierung (in Teil I)
zugleich und vor allem – wieder – anderes gemeint
ist, bleibt auch jetzt der Reim zwar vorhanden, *trägt aber –
erneut – oft nicht mehr* und wird so *als solcher* kaum länger gehört,
sollte *jedoch durchaus weiter deutlich spürbar* bleiben im Fluß der Sprache.

KEINE PHANTASMAGORIE

Beim Betrachten eines alten Medaillons

Und du selber? Bist du echt beflügelt?
Oder nur gemalt und abgespiegelt?
Conrad Ferdinand Meyer

Atmend geradezu in
einer Art Abglanz hauchzarter
Unwirklichkeit nur nach Art der
Atmenden, ... wird sie darin

doch wie zu Speise und Trank,
– denen sich Umriß und Schatten
all seiner Worte und Taten
auftun, ... als ob klar und blank,

sich uns des Lebens Gemälde
zeige: beinahe vollkommen,
... blieb's nicht fast ohne Bedeutung;

und so kaum mehr als Vergeudung
dessen, was, nüchtern genommen,
... *wäre,* – vielleicht sogar: *gälte.*

7. Mai 1998

VON DEN FÄHRNISSEN DES LEBENS

Die Erde freundlich und gewiegt von Winden,
vor denen nur Verdammter Schiffe fliehn
in die Vergeblichkeit der Finsternis,
die, ... undurchschaubar, schließlich undurchdringlich
– im Herzen selbst steht: wo des Lebens Plan
(vielleicht auch bloß, was uns zumeist bewog),
als sei er nichts als Nebeldunst und Rauch,
sich spurlos wegnimmt; und ist so, als nehm'
man ihn uns lediglich durch ein Versehen,
nicht durch ein Mißgeschick, ... obwohl es auch
ein Fehler war, von erstem Anfang an
sich rückhaltlos mit allem zu verbinden,
wonach sich greifen läßt; doch solch Verstehen
kommt stets zu spät, beläßt uns außerdem
fatal im Irrtum, ein ja immerhin
Gedachtes sei noch umzudenken, in
ein andres umzuschmelzen; stürzt's doch, dinglich
zuletzt fast, fort: nichts außer zähem Sog ...,
– der uns erst hält, ... trägt: blind – und doch gewiß.

24. März 1998

148

Gᴇsᴘᴇɴsᴛᴇʀʜᴀғᴛᴇ Wɪʀᴋʟɪᴄʜᴋᴇɪᴛ
des Unwirklichen ganz am Rand
sich selber unbewußter Zeit:
nie heimisch auf verwirrtem Land,

... vertauscht mit ungeschminktem Nichts,
was erst aus ihm – zu kommen scheint;
und ist von beidem nichts gemeint,
als die Verstörtheit jenes Lichts,

das fremd in wundem Auge steht;
doch ihm den Anblick nicht verwehrt
bestürzend nahen Urgesteins

– kaum mehr als schemenhaften Seins,
das, ... wie ein Spukbild rasch zerweht,
noch lange – unser Herz beschwert.

8. Mai 1998

Wo sind die andern geblieben,
Schneerose? Birgt nicht dein Auge
des schon ... Versickernden – Spur,
fremden Gewesenseins – Rest?!
... Sag mir! Wieso blieb denn ich;
oder erübrigt es sich,
danach zu fragen? – Zu groß,
übergroß ist ja des Lebens
Aufgebot stets; und es stieben
Jahre, als wären sie bloß
Regen von Funken ... und nur
Bruchstücke dauernden Gebens,
das *dem* zum Fortbestand tauge,
der sich ihm ganz überläßt.

2. Februar 1998

GELIEBTES ETWAS aus der Dunkelheit,
halb Seligkeit, halb Schrecken – das, was gilt
und einzig zählt, uns ganz das Herz erfüllt:
oh Glück! ... dich stets entziehend – wie ein Mund,
mit abertausend Worten nach mir greifend,
sich unbefragt zu fremdem Ufer wendet,
... wo seiner herben Mühsal Irrfahrt endet;
doch neu der Duft der Erde zu mir dringt,
gemahnend: Werd auch du so unbedingt
wie Blicke! die sich niemals zähmen lassen,
noch nicht zu lieben und nicht mehr zu hassen
sind: jene eine Wunde in uns streifend,
die alle zeichnet, – eh' am Rand der Zeit
ein ... andres in uns aufbricht und sich kund-
tut, Lebens Freud wie Leid behutsam stillt.

4. Februar 1998

Täler voll Ruhe und Frieden
unter den funkelnden, wilden
Sternen des Abends, der bald
nichts mehr als Nacht und Vergessen
ist: und sich selbst drin genug,
… sind uns nur flüchtig beschieden,
und so kaum mehr als – Betrug;
Vortäuschung bloß stets zu milden
Vorlaufs gestundeter Zeit:
die unaufhaltsam – entzweit,
was sie zu einen scheint, kalt
preisgibt; und ist fast vermessen,
dennoch der Stunde zu harren,
die sich uns … zukehrt: als käme
endlich ein Ganzes, und nähme
sich unser an … und vom jähen
Friern in der Nachtwinde Gehen
– weg und, fernab allen Karten,
… auf: wie in bergenden Wald.

26. Dezember 1997

AM TODESTAG DER MUTTER

Es gibt ein Land Vergessen,
darin die Toten leben
… als nur noch, jeder Stätte
bar, in sich selber gründend
und so erst – zu sich findend;
und winken uns zu sich:
stumm fordernd, uns zu lösen
aus sturem Erdenwandel …,
– um den wir längst den Mantel
betretnen Schweigens breiten –,
… das stummer Worte Kette
zerbricht; und so beizeiten
in Windes harten Stößen
entläßt: bis nichts mehr hält
in *dieser* Schattenwelt,
so ganz von sich … besessen,
daß wir unweigerlich
Erinnerns voll erbeben.

18. Dezember 1997

NICHT GANZ UNPROBLEMATISCHE ZEILEN

1

Dichtestes Dunkel ist noch Übergang,
die tiefste Liebe nah schon dem Versiegen,
ein herber Schmerz, als wäre er Gewinn:
und alles stets zu neuen Ufern hin;
– verratne ... Treue? ... Wer wagt zu entscheiden,
ob, wenn uns Herzen heiß entgegenfliegen,
wir, andre lassend, zwar ins Leere siegen,
jedoch *die* Leere, die schon in uns ist,
vielleicht zu fliehn vermögen ...?! – Fremdes Leiden
(ward es uns fremd, weil *wir* es nicht mehr kleiden?)
wird plötzlich Basis, uns emporzuschwingen
für kurze Zeit, die eine Wimper mißt;
– bis sich das Auge wie für immer schließt:
erstarrend vor dem Anhauch eis'ger Leere,
in die wir unaufhaltsam *alle* dringen,
und sind – daheim, als träten wir zu Dingen,
von denen keines irgendwem gelang:
nur noch Erwartung, was dem seiner Schwere
Entkommnen sich als letzter Ort gewähre.

24. Februar 1981

2

… Und ist so manches, was zum Herzen drang,
als wüchs' aus diesem ihm erst sein Gewicht,
nach Jahr und Tag kaum mehr, als schwach ein Ziehn

von dünnem Rauch, sich bald in letztem Licht
verlierend; schon im zögernden Beginn
bloß Echo, – kurz und leer: nichts als ein Klang,

– den man nie hört; … und doch vermißt du ihn,
in ihm dich selbst – ein ganzes Leben lang:
rasch blaß und blasser, … nur noch ein Gerücht.

23. März 2010

Noch zu leben – wünsch ich's mir?
wenn sich kältre Tage quälen,
zögernd nur sich auszuschälen
aus stets schmalerm Jetzt und Hier;

kaum noch golddurchwirktem Heute,
das nicht länger lacht und lockt,
... doch ins Herz tief eingepflockt
bleibt: umstellt von – wilder Freude

... fremder Meute; nie als Lied
dechiffrierbar – wird auch Kunde
so bloß von der einen Stunde

Glanz: sich dir erst im Verblassen,
... das bald alles einbezieht,
öffnend, flüchtig einzulassen.

2. November 2010

ALLZU TIEF VERSUNKEN in den Frieden
einer Abgeschiedenheit, die, ganz
kindlich hingerissenes Vertieftsein,
nichts mehr weiß vom Abtun Abgetanen,
als sei's irgendwie verlegt, vergessen:
nüchterner Besinnung unzugänglich,
... formt aus der Vergessenheit sich doch
dumpfer Sehnsucht
                    neuerliches Denken,
das sich – klärt zu ruhigem Vermessen
des von nie ganz abgesprengtem Joch
Dagelaßnen, es auf andern Bahnen
aufzubrechen; immer unzulänglich:
wartend auf noch weitres Sich-Versenken,
– da ... und nicht da; ungewiß,
                         ... womöglich
bloß Erwartung fast schon unerträglich
Einfordernden – Siegel und Verbrieftsein
jenen nur, die zweifelhaften Glanz
stets verfrühten Fertigwerdens mieden.

15. Februar 1998

… sie fühlte wohl, daß alles, was sie mit solcher Stärke ergriff, nicht ganz
frei von einer beständigen Andeutung war, daß es nur Schein sei. Aber eben-
so gewiß war im Schein flüssige, gelöste Wirklichkeit enthalten: vielleicht
noch nicht Erde gewordene Wirklichkeit, dachte sie: und in einem jener
wunderbaren Augenblicke, wo sich der Ort, wo sie stand, ins Ungewisse auf-
zulösen schien, vermochte sie zu glauben, daß hinter ihr, in dem Raum, wohin man niemals sehen könne, vielleicht Gott stünde. Sie erschrak vor diesem Zuviel! Eine schauerliche Weite und Leere durchdrang sie plötzlich, eine uferlose Helle verfinsterte ihren Geist und versetzte ihr Herz in Angst.

Robert Musil

… doch es langweile ihn, immer nur an sich zu denken. Eines Tages nämlich
beginne einen das furchtbar zu langweilen. Und mit einemmal blitzte dann
wie eine Ahnung, wie schwaches Morgenrot zwischen den Bäumen hindurch
das andere Leben auf …

Juri Trifonow

Wie irren wir umher!
Wo bleibt das andre Leben?
… von uns ans Licht zu heben,
das, nicht mehr weich und schwer,

auf einmal seltsam … leer
wird, – deutlich dem Bestreben
hautnah, mich einzuweben
in das, was mehr und mehr

… ins Herz mir dringt; und bringt
merkwürdigen Gewinn
– stehn ich und all mein Streben

doch plötzlich mittendrin
in dem, was *jedes* Neben-
sich-Sein zu – sterben zwingt.

22. Oktober 2006

158

‹VOM DILEMMA ZUM PARADOX?›

Herangereift für diesen Augenblick,
den einen, einzigen in jener Stunde,
die, nicht vorherzusehn, doch kommen *muß,*
soll sich dein Leben in sich selber nicht
verleugnen, … findest du in dein Geschick;
– als stets zugleich ein andres, dessen Kunde
dir, dich kaum streifend, deiner Irrfahrt Schluß
signalisiert: nur um in vollem Licht,
das plötzlich warm in fremdem Auge steht,
dir zu bedeuten, es sei nie zu spät,
noch einer letzten Ausfahrt zuzueilen
ins Ungewisse; – doch Gestaden zu,
die, … unerreichbar, dennoch – Rast und Ruh
gewährn: in reiner Dauer zu verweilen,
– für einen Lidschlag; … und schon wieder fort,
gewahrt dein Herz darin auch jenen Ort
nah endlich nie gefundner stiller Bucht,
der uns vergessen ließe, was wir sind:
nur eine Handvoll Spreu in spätem Wind,
drin sich verliert, wonach man nicht mehr sucht.

10. April 1998

AM WEG der Herbst;
nun zieht es fort,
was um mich war,
verwelkt, ... verdorrt
mich spät noch rief
– verwehtes Haar:
entzifferbar,
als wär's ein Brief.

1961

AUCH DAS, was uns wie ein Geheimnis trägt,
durch das wir, davon zehrend, mittendrin
erst sind im eignen wie in allem Leben,
ist, gleich so manchem, was uns widerfährt,
zu seiner Zeit dem andern mitzuteilen:
auf angemeßne, unverwechselbare,
dem rechten Augenblick gemäße Art
und Weise – für ein tieferes Sich-Gründen
in Wechselseitigkeit, die – alles wird;
... wie oft auch blinden Drängens dumpfes Weben
noch in solch heißem Ansturm schwankt und irrt,
versucht ist, sich an anderes zu binden,
als diese Mitte: die stets deiner harrt;
und jeden hält, ... obwohl man sie zuweilen
von neuem flieht ins einstmals nur zu wahre
Licht ohne Schatten, – allen wild bewegt
das Herz umtosend, ... dennoch kühlerm Sinn
ein heitrer Morgen, den dann nichts mehr trübt.

28. März 1998

VON DER NÄHE DER TIEFE

1

Zerstreutheit, gelassen und zärtlich,
stets jenseits sich sammelnder Reue
und fremd allem wirklichen Leid
– du siehst sie in heiteren Zügen,
die ... trostlose Träume verdecken;
und jäh über wandernder Grenze
ein Anflug von Grauen durchzieht,
– als dränge *ein* Mißton ins Lied
und zwinge – das *Ganze* ins Lügen
... in unüberwindbarem Schrecken
vor dunkelster Tiefe; ergänze
nur einmal: wie allgegenwärtig,
doch so ... *immer wieder* aufs neue,
als sei man hierfür schon bereit.

14. Januar 1998

2

Zwielicht – die Heimstatt all derer,
die Zuflucht und Frieden erst finden
in nicht mehr bedrängendem Raum,
– verstärkt mein Gewärtigsein; deine
mir zögernd erwachsende Nähe
wird nun zur mich findenden Hand:
aus der ich allmählich erstehe,
… mir selbst bloß noch flüchtig bekannt;
und wenig genügend, … als wäre
im Dasein noch etwas von Schwere
und nicht nur – dein Mund: dessen linden
Besuch ich jäh spür; … uns wie eine
Sekunde zerrinnend zu Schaum
Versinkenden oder noch leerer.

25. Dezember 1997

3

Dämmer, schon versinkend in der Nacht,
doch noch spürbar in dem schwachen Schimmer
letzten Lichts, von Pfützen festgehalten
und von Laub: verwesend uns ein Rest
Helligkeit, – um die das Dunkel brandet,
sich verbreitend und die Erde wiegend
in den Rhythmus, … der bald nichts mehr weiß
von des Tages Pracht; … und bittrer Not,
– als die Herzen anders schlugen, heiß,
siedend heiß nach Frieden suchend: fest
angekettet stetig gleichem Immer,
das der Torn Begehren – höhnisch lacht;
bis es endlich stumpf in sich versandet,
… als entschied' man nicht nur wie gemalten
Orts, fernab von unsern Plätzen liegend,
über Weiterleben oder Tod.

16. März 1998

FARBEN SO HEISS WIE DIE GLUT
sich schon entziehenden Lebens
blühen noch; … glühen vergebens,
fehlt *uns* am Ende der Mut,

mehr als verglühend zu sein,
wieder zur – Flamme zu werden:
in all der Kälte auf Erden
züngelnden Brands warmer Schein;

Feuer, das Feuer entfacht
in dieser Blässe der Zeit,
– an der der Himmel zerschellt

… und wird, hell lohend, die Welt
nochmals zu loderndem Kleid:
wem, … wenn nicht – uns, zugedacht?!

19. Februar 1998

TOTENSONNTAG

1

Weinen der Lebenden und all der Toten,
Schluchzen wie das sich verirrender Kinder
unter den kalten, erschreckenden Sternen:
drohend sich wälzende Flut, die zuletzt
leer sein läßt; frei macht – vergessen ein Blatt
hinter dem Seufzen des Winds in den Kronen
... über den Gräbern sich steil in die Luft
hebender Welt in jäh tätiger Nacht,
traumscheu; nur scheinbar von uns zu bewohnen,
die wir uns nun ... von uns selber entfernen
– bald eines andern Daheimseins Erfinder:
uns neu entwerfend, ... zeigt auch erstes Loten
nur, was so blaß bleibt, als sei's bloß gedacht;
– und doch ein Etwas wird, das fordernd ruft
in eine Form, die zum Inhalt nichts hat,
als ein uns nicht mehr verwerfendes Jetzt.

11. Februar 1998

2
Nicht zu beschwert

Vergessen all die Toten sind
in unserem Bedenken
der – eignen Einsamkeit,
… in der wir schon erfrieren,
eh' wir uns – ganz verlieren;
bedenkenlos bereit,
– uns rückhaltlos zu senken
in das, was uns aus jedem Wind-
hauch anrührt, … doch nie wiederkehrt.

30. Dezember 1990

3
(Vom täglichen, allstündlichen
Sterben und Wiederauferstehen)

Nimm von dir Abschied! Müh dich, der zu werden,
den andre manchmal in dir sehen: dich
verwechselnd (mit dem Ursprung oder Ziel);
gewinn dem Zutraun, das dir aufkeimt, ab,
daß auf dem Wege, der dich dem, was dich umgab,
zu dicht umgab, – entreißt, oft wie in Leid,
... Gelegenheit ist, über den Beschwerden
so vieler wachsend eigenem Profil
zu – sterben! ... Spürst du schon den scharfen Strich,
der dich von dir entfernt? – Unweigerlich
verschwimmend, scheinst du jäh wie weggetaut
zu sein; doch manchen über Nacht vertraut:
Bezug und Dauer ... für gewisse Zeit.

23. November 1980

Der Autor:

Peter Schwanz, 1939 geboren in Schmölln in der Ucker-
mark, publizierte nach dem Studium von Theologie, Re-
ligionsgeschichte und -philosophie sowie Indologie in
Leipzig als Angehöriger des erweiterten Lehrkörpers
der theologischen Fakultät in einer Reihe einschlägiger
internationaler Fachzeitschriften und schrieb vier Bü-
cher: einsetzend mit zentralen offenen Problemen der
neutestamentlich-patristischen Forschung, dann hinü-
berwechselnd zu brennenden Fragen der Religionsphi-
losophie: Perspektiven einer künftig noch belangvoll
bleibenden Theologie vorzeichnend und teilweise bereits
konkret darlegend. –

Zugleich blieb Zeit für Übertragungen Paul Valérys,
beginnend mit dem gesamten Frühwerk, später die von
Rilke unvollständig nachgedichteten Charmes ergänzend
und eine größere Anzahl beiseite gebliebener Gedichte
erstmals ins Deutsche übertragend.

Seit einigen Jahren freiberuflich tätig, lebt der Autor heute
wechselweise in Eisenach, ihm nach der Vertreibung und
längerem zwangsläufigem Herumirren seit Jahrzehnten
zur Wahlheimat geworden, und im Großraum Paris. –
Bisher erschienen sind die Gedichtbände »Wechselbil-
der«, »Jahre ohne Wurzeln« und »Herbergen anderer
Stille«.